22, crêts de champel 1206 genève

TELEDITION

9, rue dupuytren - 75006 paris

Un pet d'éléphant, c'est FORMIDABLE.

..prou..t

glou, glou, plof...

Les gens aussi font des pets.

Quand on mange, quand on boit,
on avale de l'air.

C'est surtout quand on mange vite
qu'on en avale beaucoup.

Quand l'air sort par la bouche,

ça fait un rot.

Quand il sort par le derrière,

ça fait un pet

Le voyage de l'air et de la nourriture dans notre corps :

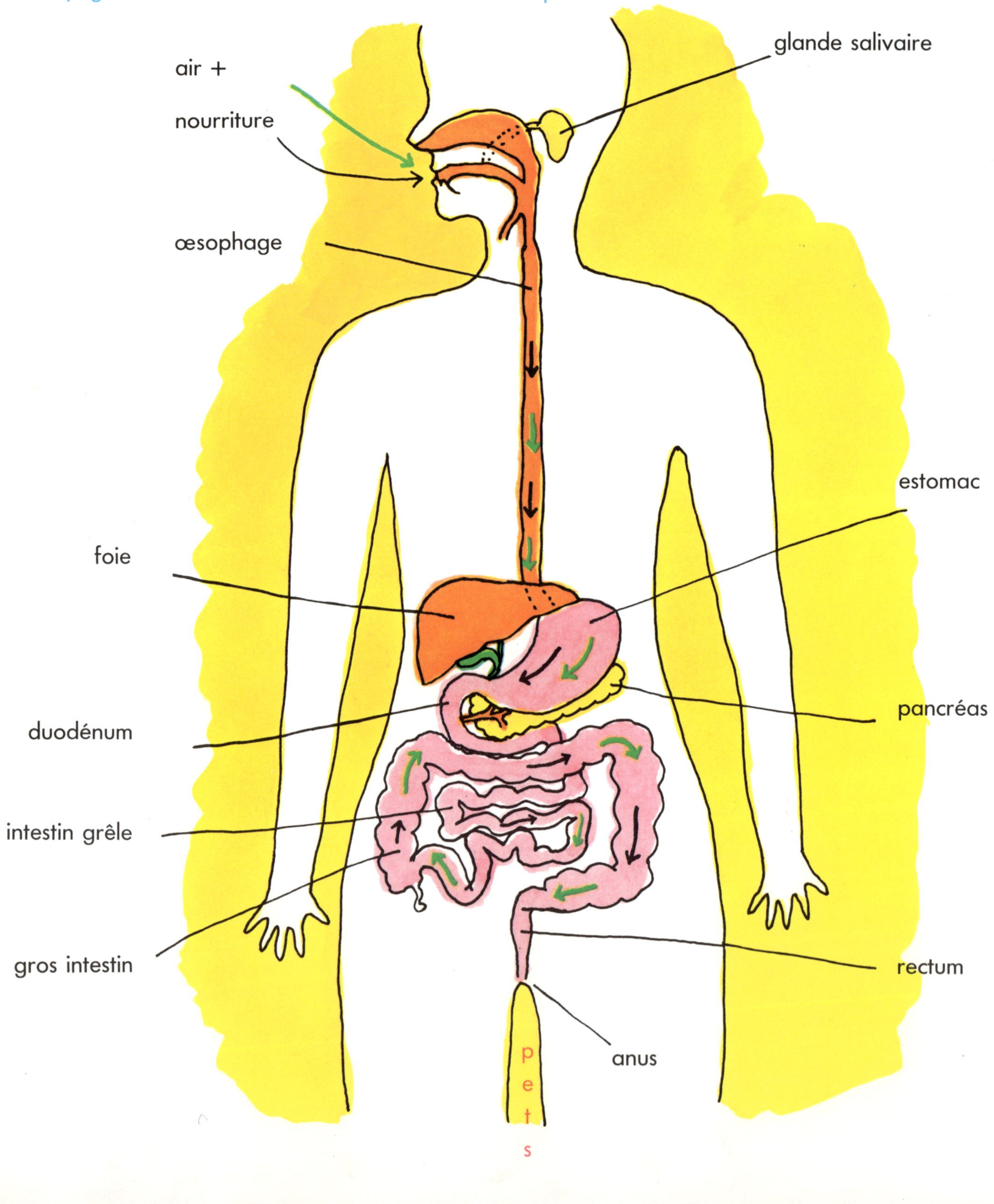

Dans les pets il y a
de l'air que nous avons avalé
et du gaz qui vient du gros intestin.
Ce gaz se forme quand une partie
de ce que nous avons mangé
est transformé en caca
par les bactéries du gros intestin.
Quand on pète,
c'est comme si le caca frappait
à une porte un peu ouverte.
C'est pour cela que les pets sentent mauvais.

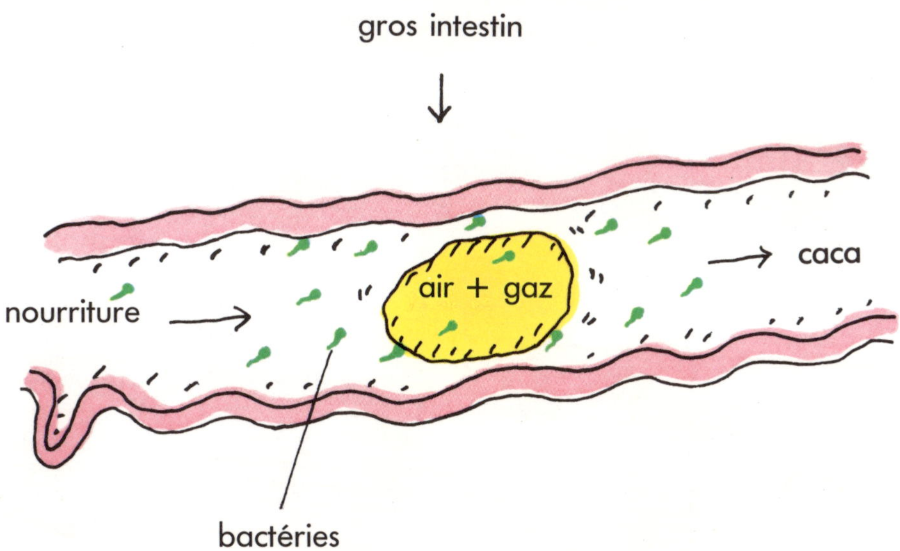

EN UNE FOIS

Un homme en bonne santé
laisse sortir 100 millilitres de gaz

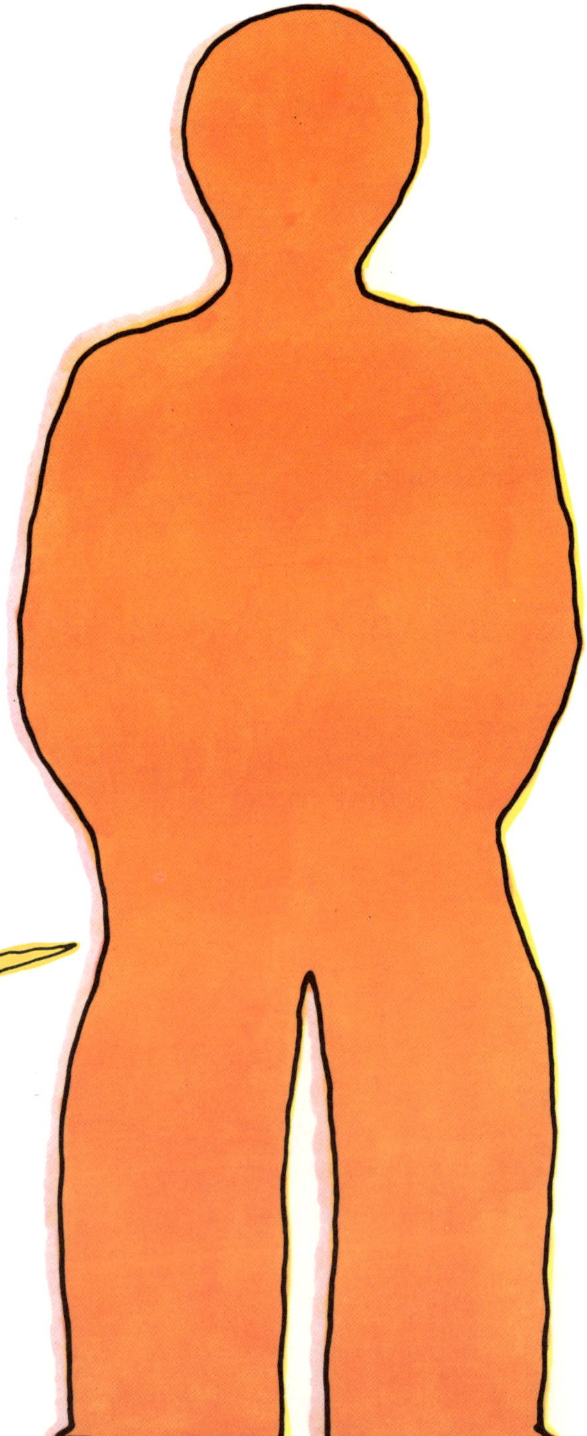

si ce gaz était liquide,
cela correspondrait
à la moitié
d'une petite bouteille
ou à un verre d'eau.

EN UN JOUR

Il pète environ cinq fois.
il laisse donc sortir
500 millilitres de gaz,
un demi-litre = cinq verres d'eau,
ou la moitié d'une bouteille d'eau
ou cinq petites bouteilles.

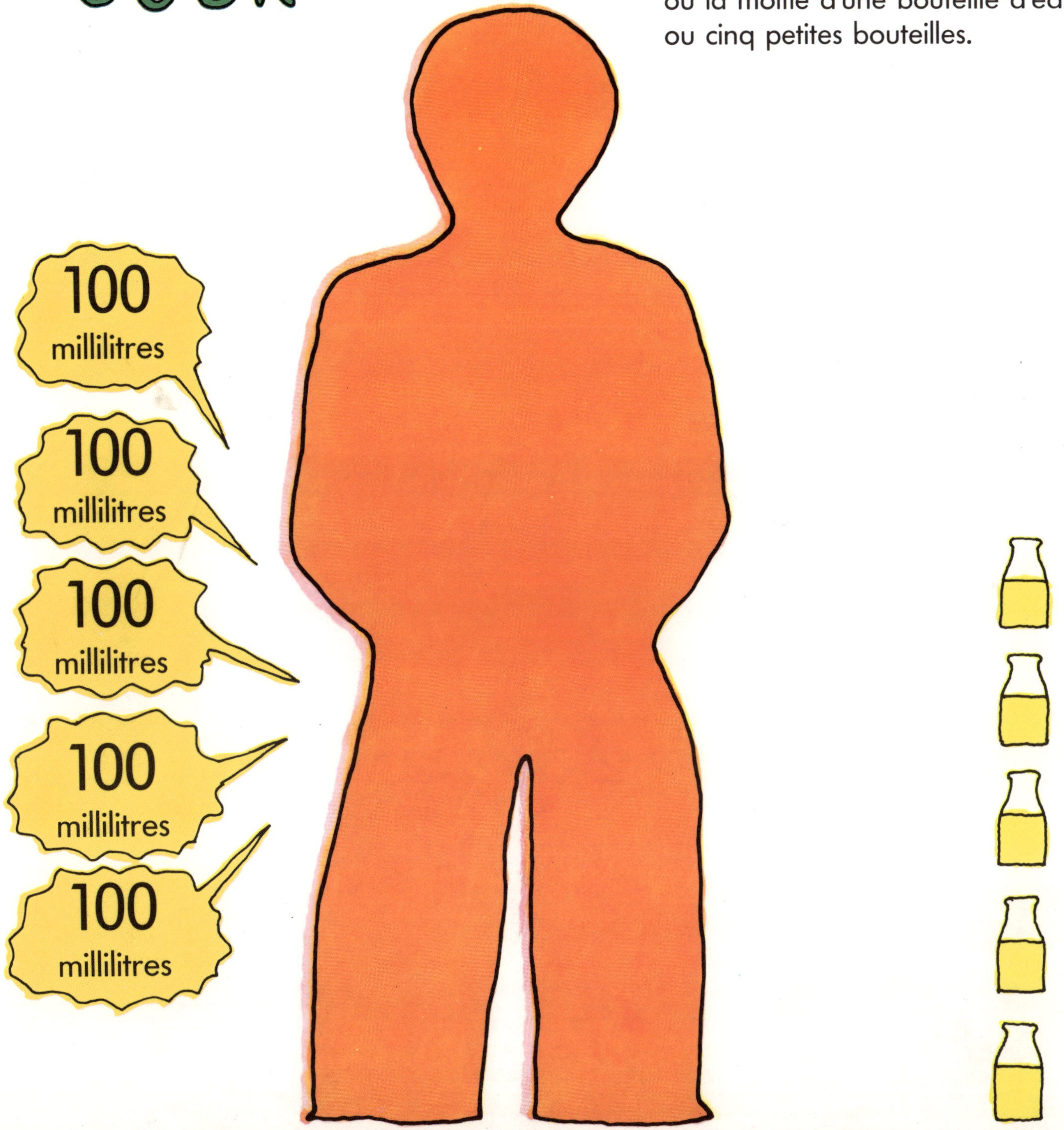

Quand on se retient
trop longtemps de péter,
ça peut donner mal au ventre,
ça peut donner des vertiges
ou mal à la tête

Donc pas la peine
d'essayer de te retenir,
va vite aux toilettes,
pète !

Après une opération de l'intestin,

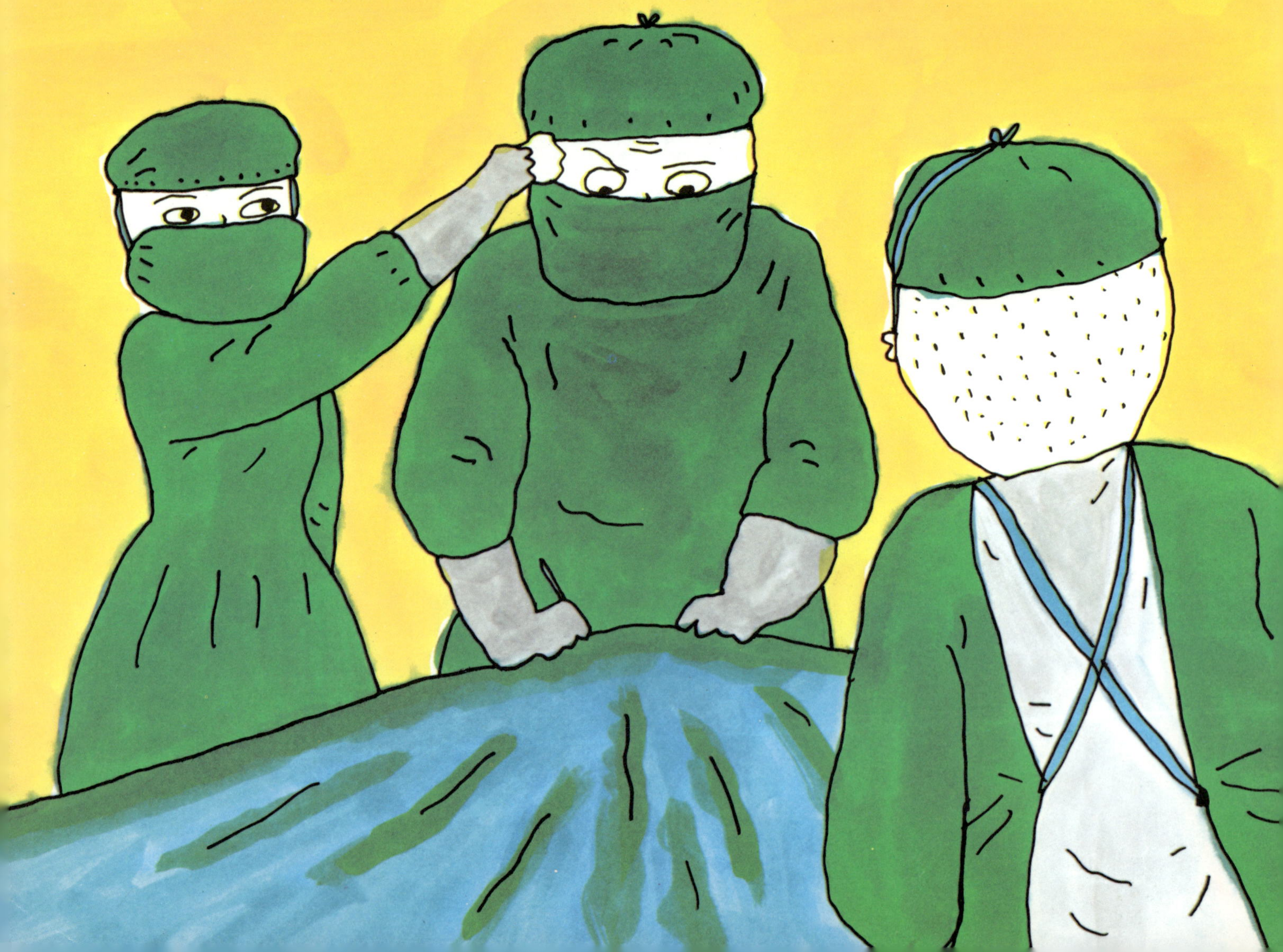

quand l'opéré pète,

tout le monde est content :

l'intestin a repris son travail !

Il y a des pets qui sentent mauvais
et d'autres qui ne sentent presque rien.
Quand on a mangé de la viande,
du poisson ou des œufs,
les pets sentent mauvais.

Quand on a mangé des légumes
les pets ne sentent pas très mauvais.

C'est pour cela
que les pets des animaux
qui ne mangent que de la viande
sentent très mauvais.

Les animaux comme l'éléphant,
le rhinocéros ou l'hippopotame
qui mangent des pommes de terre et de l'herbe,
font des pets qui sentent moins mauvais ;
mais ils en font beaucoup
parce que l'herbe et les pommes de terre
produisent beaucoup de gaz dans l'intestin.

Certaines bêtes comme le putois,
et certains insectes comme le vinaigrier
font sortir d'une poche
qui se trouve près de leur derrière
un liquide qui sent très très mauvais.

Ils fabriquent ce liquide pour se défendre,
mais ce n'est pas la même chose que les pets.

putois

vinaigrier

Pff..fin.